흔적

흔적

武林 신 영 철 제6시집

도서출판 천우

시인의 말

내 인생은 수학이 아니라 철학이다.

2021년 9월

제1부

문살에 달빛

제2부

길가에 비 맞은 꽃잎

제3부

수염 달린 보리 모가지

제4부

호수에 물방울

제5부

미국서 돌아온 아침 해

제1부

문살에 달빛

죽어지면

내 이름 석 자 뒤에
따라다니는 시인이란 이름
자랑스럽기보다는
항상 부끄러운 이름이다

눈 내리는
낡은 외투 주머니 속에
어긋난 손때 묻은 언어들은
발기발기 천 갈래 만 갈래 찢어지고
어쭙잖게 만지작거리는
시인이란 이름

언젠가는
죽어져서 어쭙잖은 시 하나
혼백으로 간이역에 매달리면
가는 손님 오는 손님
혹여 쳐다볼랑가

거기가 내 고향 집

싸리문 열고 들어가면
문고리 달린 조선문 아래
토방에 놓인
흰 고무신 지링이 고무신 몇 켤레
그 집이 내가 살던 고향이란다

초가지붕 위에
보름달이 박처럼 뜨면
뒤꼍에서
알밤이 툭 하고 떨어지는 소리에
풀벌레가 울다 말고

안 마당
바지랑대로 받쳐 놓은 빨랫줄에
솔솔바람이
빨랫줄에 걸리어 가다 못 가고
펄럭거리면
빨래 걷는 불혹의 나이 젊은 엄마가 풀어주던
거기가 내 고향 집이란다

때문

봄이 가는 이유는
모란이 지기 때문이고

여름이 오는 까닭은
호수에
빨강 분홍 흰색으로 핀
수련꽃이
나를 보러 오기 때문인 줄 알았더니

진작부터 줄기줄기
담 모퉁이 돌아오는 빗소리는
장미꽃 보러 오는
여름의
발자국 소리인 것을

돌미륵 불상

절 마당 귀퉁이
바다가 보이는 돌미륵 불상이
손꼽아 무얼 세나 했더니
겨울에는 눈송이를 세어
기와지붕에 억겁으로 쌓아 놓고

꽃 피는 봄이 오면
꽃잎을 손꼽아 억수로 세다가 세다가
다 세면 꽃잎이 떨어질까 봐
차마 세다 다 못 세고

여름에는
빗방울을 무심히 세더니
방정식으로
백사장에 모래알로 쌓아 놓고

가을에는
낙엽의 낙하 소리 세다가
돌미륵도 바람 소리 물소리
세월 가는 소리가 외로워서

물끄러미 일몰을 바라보다
산 노루 우짖는 소리에 날이 저무네

보리 피리 불며 간다

봄비가
청보리밭을 펴 나른 풀밭에
아침 햇살이 명중시킨 이슬이
낮 별로 반짝거리고

5월 바람이
벚나무 청 이파리 들추면
푸른 열매가
이슬방울처럼
대롱대롱 보이고

하얀 찔레꽃
향기를 꿀벌이 이리저리 헤치다
떨어진 향기를
참새가 쪼아먹고
기분 좋아 짹짹대는 아침

아카시아
향기를 날름대던 바람이
5월을 보리피리 불며 간다

꽃 그림자

소나기구름은
바람에 흔들리고
달빛은
흔들리는 구름을 붙들고
꽃 그림자를 찾아내어
눈을 떴다 감았다
꽃 그림자를 베고 누워
그림자 이불 속에 잠이 들면

바람에 흔들리던 구름은
소낙비로
창문에 머리 박고
한참을 서럽게 울면

구름 속에 달은
눈 비비고
빼꼼히 얼굴 내밀어
구름에 울음을 달래준다

하늘 여행

부챗살 햇빛이
물안개 피어오르는 호수에
아침 안개 걷어내고
긴 부리 치켜들고
아침거리 노려보는
황새 한 마리를 찾아내는 찰나

어둠은 더듬더듬
세상을 찾아내어
하루를 시간에 맡기고

아침 안개 걷어내던 해는
세상 구경 구름 타고
하늘 여행을 떠나면
따라가던 하늘새 한 마리
어제를 찾으러
가다가다 날이 저무네

문살에 달빛

이슥한 밤
창호지 문살에
호젓이 기대인 달빛

시나브로 문지방 밑
토방으로 맨발로 내려가
도둑놈처럼
내 방을 몰래 들여다보다가

지링이 고무신이나 흰 고무신을
훔쳐 신고 갈까 망설이다가

새벽잠 깬 기침 소리에 놀라
창백해진 얼굴

살금 몰래
싸리문 열고 가 버렸네

소 모는 아이

해설피
먹구름 밀려오고
소낙비는 쏟아지고

개울 물 범람하면
못 건너갈까 걱정되어

오뉴월 황소 불알
풀밭에 떨어질까 봐
몸달게 마음 바빠도
느름느름 황소걸음이다

그걸 본 풀꽃들은
걱정 없이 웃어대고

소 모는 아이
황소 불알 떨어질까
소 궁둥이만 아프다

가랑이 사이로 뜨는 달

햇빛에 숨었던
초승달이 사랑채 지붕마루에
빼꼼히 눈웃음치면

부지런한 며느리
밥 짓는 저녁연기가
부지땡이*로
초승달을 따서
행주치마에 담더니

만삭된 며느리
아들인가 딸인가
몰래몰래 보름달로 키우면

언제쯤
부지런한 며느리 사타구니 사이로
보름달이 뜰까나

* 부지땡이 : 부지깽이의 방언

허탈새

폐허된 청춘극장 골목
낡은 간판 아래 흘러간 노래가
헌털뱅이 늙은 가슴을 더듬네

어찌 여기까지 왔을까
건너다보니 절터이고

오래된 어린 육신
줄달음치던 생애
허둥지둥 층층계단 올랐는데
절망으로 돌아선 남루한 육신
꿈인 양 아쉬움 생시이다

어데로 갈까나
허탈새 허탈새
허공으로 날아간 허탈새

인생은 내 것이 아니고
세월 것이어서
그림자에 끌려온 숨 쉬는 허수아비
혼불처럼 떠도는 영혼 돌아갈 때는
동전 서푼 던져주는 것을

섭섭히도 가버렸네

계절이 오고 가는
산책길에
예쁜 너 아름다운 너

모란이
매일 아침
예쁜 웃음 웃어 주어

날마다 아침이면
너를 보러 간다

봐도 봐도
날마다 봐도
못다 본 너

4월과 5월 사잇길로
라일락 보랏빛 향기 따라
섭섭히도 가버렸네

아기 백조

동글동글
물 파문 엮어서
물 위에
수련 잎으로 띄워 놨더니

호수 가득히
별빛이 내리는 밤

백련꽃이 동동 타고
아무도 몰래
아기 백조가 되었네

6 · 25 때

6 · 25 때
이웃 마을 친척 집에
서울에서
피란 온 정자라는 소녀가
보면 볼수록 하도 예뻐
감꽃 목걸이 만들어 찾아갔더니

서울로 다시 갔다기에
돌아오며
하나하나 길바닥에 내던지며
지르밟고 오던 길

해마다 5월이 와도
그때 그 감꽃은 피지 않으리

구름 돛을 단 배

구름으로 돛을 단 배가
하늘을 바다 삼아

하늘 만 리
하루해를 쫓아가면
잡힐 듯 잡힐 듯 잡히지 않고
가다가 가다가
하루해는
노을 바다를 건너 밤 나라로 가고

돛단배는 길을 잃고
초승달 쫓아가다가
멀리서 별 하나
등댓불 껌벅이네

소나기 꽃비

저녁노을
꽃구름 사이로
소나기 꽃비가 내리고

빗방울이
쌍무지개에 기대어
빗줄 치면

무지개다리 건너가는
노을에 물든 꽃 새 한 마리
꽃잎 떨어지듯
해 떨어져
하늘길 날이 저무네

봄은 저만치 가고 있네

여기저기
이 꽃 저 꽃들이
온통 아우성이던
꽃들의 축제가 끝나고
돌아가는 4월

아침 점심으로
봄인지 여름인지 기온이
왔다 갔다 헷갈리어
겹저고리 벗을까 말까 망설이다가

홑적삼 입은
라일락 꽃향기 5월 문턱으로
가만가만히 걸어오면

봄이 죽은 혼백이
아지랑이 되어
보일락 말락
저만치 귀신처럼 가고 있어라

4월이 또 가네

엊그제 두고 온 꽃길에
이 꽃 저 꽃들이 예쁜 얼굴로
향내가 아우성이던 꽃잎들이
연둣빛 잎새 밑에 숨더니

청명한 하늘가
영산홍 붉은 미소가
초록빛 그늘에 앉아
5월을 기다리는 한나절도 기울고

푸른 강물에 비친 하늘이
뭉게구름 가득 싣고
산과 들 사잇길로
해 저문 노을 강 건너갈 때

아쉬운 4월이
또 3월처럼 모습을 죽인다

제2부

길가에 비 맞은 꽃잎

시절이 가면

오고 가는 시절이
외로우면 오세요
그리워도 오세요

내 이름은 들꽃

바람이 불면 바람 따라오세요
새가 울면 새소리 따라오세요

빨간 웃음으로 외로움 지워 드릴게요
노란 웃음으로
그리움 지워 드릴게요

아무도 몰래
까치발 딛고 살짝궁 살짝궁 오세요

예쁜 짓 마음에 들면
향기로 그대 마음
미치고 환장하게 죽여줄게요

변덕이 미쳐 날뛰는 것

사는 일이
그리 쉬운 일 만도 아니라서

그리 좋은 일 만도 아니라서

같이 다니는 몸도 아팠다 안 아팠다
믿을 놈이 못 되고

내 안의 내 마음도 기분이 좋았다 나빴다
변덕이 죽 끓듯 양심은 쥐꼬리만큼도 없는 놈

그래서 울다 웃다
삶은 참 어수선한 것

그대들이여
부끄러워하지도 말고
숨기려 하지도 마라

세상살이는 완벽도 완성도 없이
연습으로 살다 가는 것
그래서 실패도 실수도 하는 법

나를 믿지 마라
어차피 삶은
변덕이 미쳐 날뛰는 미치광이일 뿐이다

바지저고리

무명 치마저고리가
부지땡이로
아궁이 새벽 연기 쫓고

부뚜막 어정거리던
가마솥 밥내가 밥상머리 앉으면
무명 바지저고리가
놋숟가락 질로 배를 채운다

조끼 주머니에
부싯돌 담배쌈지를
핸드폰처럼 챙기어 소마차 끌고
동네 사람 장짐 싣고 장 보러 가는 길에

치마저고리 입은 산골 아낙네
이십 리 길 걸어서 장 보러 가면
무명 치마폭 펄럭거리고
홑적삼 밑의
젖가슴 브래지어 없이 덜렁거리네

소 방울 소리 앞장서 산모랭이 돌아가면
장돌뱅이 길가에 장짐 펴고
하루 종일 싸구려 싸구려
목 터지게 떠들어 대는 소리

시골 장 구경이 자랑이던
호랭이 담배 먹던 시절

모란은 피다 지고

세상 구경나온
연둣빛 잎새가
햇빛을 날름대더니
녹색으로 물들고

바람은 햇빛을 날름대다가
햇빛에 익어
더운 바람으로 불면

산골 마을 장광 터에는
더운 바람이 모란꽃 몽우리를 품더니
병아리 부화하듯 피여 놓고
모란꽃 향기를 날름대다가

겹저고리 벗어놓고
5월이 가네

과수댁 창문

지독한 절망이
시련에 허기진 지팡이를 짚고
간신히 일어서 보니

하늘은 푸른데
허탈로
태양은 황혼에 물들고

하늘도 산도
하루 종일 무심히 따분해서
외로움을 달래러 하늘은 별빛으로
산은 그림자로

산동네
독수공방 과수댁을 찾아간
창문 불빛이
새벽까지 환하다

슬픈 그리움

눈부신 태양의 정열도
심심한 달빛의 외로움도
하루의 애환을
불사르다 머문 자리

생을 포기한
한 해의 사연들이
낙엽으로 쌓인 거리

죽었나 살았나 흔들어 보던
바람 나그네

생을 떠난 슬픔을 주어
봉창에 넣고
눈물로 만지작거리면
발기발기 찢어지는
떠난 인연들이
하염없이 밀려오는
슬픈 그리움

6월이 오네

바람이 햇빛을 날름대더니
더운 바람이 불어
5월은 이별로 떠나려 하고
6월이 기웃거리네

초록으로 익은 잎새마다
더웁다고 여름을 부채질하면

새소리는 더위에 한창이고
흔전만전 물소리 아낌없이 흐르네

세월은 턱도 없이 교만해서
남을 위해 웃어본 적 없어

5월에 웃음꽃을
눈물로 지게 하고
자랑처럼
잘난체 으스대며 6월이 오네

고샅길

비 오는 밤
하늘에는
번갯불이 어둠을 쪼개는 사이로

빗줄기가
퍼뜩
고샅길을 지나가는 찰나

내일은 꽃이 진다

내일을 기다리지 마라
늙는다

오늘을 사랑하라
내일은 꽃이 진다

돌아보지 마라
아프다

못 견디게 서러워라

죽어라 일만 해도
먹고살기 어려운 세상에
많이도 산 세상살이
많이 서럽기만 하고

무식이 부자인 막노동판에
살을 깎아 뼈 품팔이로
가난이 궁색을 먹고 살아서
피곤한 삶은
나이만 저축되고

배우지 못해
존재 가치 없는 세상살이
귀머거리 눈먼 봉사가
더듬거리며 어림으로 살아온 길은
밑 빠진 독에 늙은 경륜뿐

어려서부터
체신도 약한 내게
노동의 팔자는

나를 끌고 다니다
늙었다고
세월은 나를 내팽개쳐서
이웃집 개 짖는 소리에도
못 견디게 서러워라

내가 나에게 미안하고

내 일상을
바쁘게 몰고 다니던 햇살은
하루가 아쉬워 유리창에
잠시 머뭇대다 나뭇가지 사이로
시나브로 이별의 웃음을 남기고
내 하루의 사생활을 뒤에서 조종하던
낮도깨비 그림자를 데리고 갔네

지난날을 돌이켜 보면
아집에 매여 끌려다니던
웃음없는 내가 나에게 미안하고

이 세상 올 때
이유도 목적도 없이 왔지만
남을 위하여 꽃이 돼본 적도 없고
남을 위하여 웃어본 적도 없는
나를 이 세상에 보내준 하늘에
떳떳할 수 있는가

생각해 보면
지난날이
얼굴을 스치는 바람에도 부끄러웠다

강 건너 불빛

강 건너
높은 빌딩 불빛들이
꽃처럼 아름다워

어둠은
강물에다
아롱아롱 밤새워 꽃밭을 그리면

강물은
지워질까 봐
흐르지 않고
새벽까지 고즈넉이 멈춰 있더라

길가에 비 맞은 꽃잎

낯선 세상에 왔더니
세상은 내 것이 아니고
세월 것이어서

세폭*으로
어디로 왜 가는지도 모르게
끌고 다니다
백발로 늙었다고 내팽개치고

어젯밤 비가 오더니
앞산은 청춘으로 젊어지고

가로수길에 비 맞은 꽃잎
내 신세가 따분해서
또 비가 오려나
꾸물한 날씨가
떨어진 꽃잎처럼 우울하다

* 세폭 : 세월의 폭력

명당자리

좌청룡 우백호
계곡물이 굽이굽이 흐르는
명당자리에
그림 같은 집을 짓고
밤이나 낮이나
새소리 드나드는 응접실에서
커피를 마시면

지상낙원
세월 가는 소리
물소리 바람 소리처럼 들리고

창가에 금은화 짙은 향기
님인 양
방으로 모셔 놓으면

극락정토 죽어서 가는 길을
살아서 가고 있네

절간 같은 방에

절간 같은 방에
글쟁이와 벙어리가 둘이 앉아
말이 필요 없는 손가락질
컴퓨터 벙어리 언어법으로
묻고 대답을 받아 적으며
둘이는 짬짬해서 심심한 커피를 마셨다

쓸 놈이 떠나가는 어허 딸랑 소리
쓸쓸함을 돋우고
몹쓸 놈은 가시나무에 쓰레기 봉지처럼 걸려
펄럭거리는 언어들은
심란을 돋우며 걸리적거리네

애매한 밤만 연실 전깃불에 까맣게 태워
한시 두시 시간으로 벽에 달아매고

왔다 갔다 잡힐 듯 잡히지 않는 언어들로
허허로운 공간을 채운 하늘 귀퉁이

별 하나
등댓불 깜빡이네

5월의 논에는

5월의 논에는
모들이 나란히 나란히 줄지어
제식훈련을 하고
논두렁에 잡초들은
물그림자로 꼽사리 끼어 있네

백로 한 마리
걷어붙인 긴 다리
s자 모가지로
군데군데 뜬모를 하면

논 주인 물꼬 보러 왔다가
논둑 길 지나갈 때
개구리울음 뚝 그치고

지나치면
개구리 부모 죽은 제삿날처럼
울어대서

논 주인 가다 뒤돌아
살포 상장막대 짚고
조상하고 있다

같이 산 아름다움

평생토록
마음껏
그리운 사람 하나 있지요

두고두고 사랑이 부자인
꽃 한 송이
꺼내 보고 꺼내 보는 그리움

날마다 노을처럼
바라보는 아름다움

지금까지
두고두고 감춰 놓고
아름답게 같이 살았지요

제3부

수염 달린 보리 모가지

내가 살던 고향

내가 살던 고향은
소낙비 쏟아지면
개울 건너 황소가
집 쳐다보고
충청도 사투리로 울고

학교길에
빡빡머리 젖을까
둘러맨 책보 속에
몽당연필 달그락대던 소리
대문 앞에서 그치면

황소 울음소리 젖을까 봐
달음박질로 개울 건널 제
소낙비 그치고

개울 건너오는 황소 눈에는
쌍무지개 뜨네

나뭇잎을 세고 있다

숲속으로
6월이 초록으로 이사 와
나무들이 더웁다고
잎새로 부채질을 하네

가지 끝에 앉은 햇빛은
시원타 나풀대고

절묘한 새소리
아름다움이 만개하면
산꽃들은
향기를 흔전만전 나풀대네

산은 닳아진 길을
항상 배려로 열어 놓은 길에
가슴 골짜기
땀내 짙은 물이 흐르고

초록빛 꽉 찬 골짜기
산 토끼 숨어서 낮잠 들면

엊그제 이사 온 6월은
토끼가 잠 깰까 봐
조용조용히 나뭇잎을 세고 있네

외로울 줄 아는 별 하나

가을밤
적막을 깨우는 바람이
내 가슴에 비밀 하나 들춰내면
누군가에게 다 털어놓고 싶은 가을이다

서리 내리는 차가운 밤에
아무도 없이

때로는 별들도
외로움이 되고 친구가 되고
사랑이 되어
감춰진 내 비밀 반짝거린다

오늘 밤은
외로울 줄 아는 별 하나
내 방으로
커피 마시러 가만히 떨어진다

뉘엿뉘엿

아침 산책길에
하현달이 서쪽 하늘에서
햇빛에 숨어 나만 보고 있다

한가위 보름달로
명절 쇠러 고향 동네 왔다가
소꿉친구 못 만난 서글픔에

어제도 오늘도
가다가다 못 가고
창백한 얼굴

뉘엿뉘엿 뒤돌아
어쩌라고 나만 보고 있다

새 부모가 죽은 날

계곡물에 비친
옅은 단풍을
파란 하늘이 매만지고

등산로 길가에는
가다 그냥 못 가는 사각정에
가을 이야기들이 모여 소곤대면
바람이 가다 못 가고
사이에 끼여 참견하는 발치에
낙엽이 한 잎 두 잎
가을이 보낸 엽서처럼 떨어진다

나무 위에 새 한 마리
부모 죽은 제삿날처럼
어제는 정말같이 울더니
오늘은 눈물도 없이
거짓부렁으로 울었다

가을바람

코스모스
예쁘게 피어 있는 머리 위에
밤나무를 가을바람이 흔들면
알밤이 툭 하고
떨어지는 찰나에
코스모스 예쁜 꽃이 아파하고

밤나무를 흔들던 바람은
거미줄을 빠져나가
구름 속에 숨은 낮달을 찾아
뭉게구름을 휘젓다가
새털구름으로 흩어놓고

해가 저물면
밤나무를 흔들던 바람이
밤하늘을 흔들어
분홍 빨강 별이
코스모스 꽃밭으로 쏟아진다

해를 걸머진 아이

어둠을 밟고 섰던 지구가
새벽안개 뒤로 돌아서고
지붕 넘어온 해가
외양간 황소 눈에 띄면
삽살개가 낯설다고 짖어대는 소리에
눈 비비고 일어난 아이는
아침밥을 먹은 둥 만 둥
학교길 나설 때

장 보러 가는 소달구지가
햇볕을 가득 싣고 짐 무거워
앞에서 속 터지게 가라고 치고

아침 해를 걸머진 아이는 지각할까
소달구지 앞장서 줄달음쳐 간다

잃어버린 하루

어머니
배 속에서 나와서
똥 싸고 오줌 싸고
걸음 배워서
낯익은 듯 낯선 길을
가는 나그네

목적지도
왜 가는지도 모르며
가는 나그네

하루를 주우러 나섰다가
하루를 잃어버리고

저녁연기 피어오르는 집집마다
타는 저녁노을
어둠이 하루를 살라 먹고
불 켜진 창문마다
찾지 못할 잊어 먹은 하루

왕십리

나는 왕십리를 자주 가요
거기 가면 문학세계에 참 좋은
훌륭한 문학인이 많거든요

나는 소양 교육을 끝내고
주고받은 소주잔이
마시고 흘린 언어들을
가방 속에
챙겨 넣는 것을 잊지 않아요

나는 전철 시간이
가고 오고 5~6시간 걸려도
가방 속 언어에 취해
밤 12시가 넘어
집에 온 것도 몰라요
기분이 날아갈 듯
하늘나라 갔다 왔거든요

무엇인가에 미쳐 살면
참 살아볼 만한 세상이거든요

천국 가는 낙엽

죽은 낙엽을
밟으면
너무 잔인해서

바람도 깨금발 딛고
요리조리 피해
사방치기 놀이하다가
깨금발 내려놓고
담 모퉁이 돌아서니

목숨 줄 끊어진
낙엽의 혼불이

텅텅 빈 하늘을
새처럼 날아
극락왕생 천국 가고 있더라

수염 달린 보리 모가지

보리 망종
환갑은 아직인데
보리 모가지 수염부터 나와
배고픈 보릿고개
비아냥거리는 5월

모란꽃은 피었다가
보릿고개 배고픔을 못 참고
씹주그리 울다 지는데

보리 모가지처럼
수염 달린 보리 늙은이
보리 환갑날을 못 참아
풋 보리밥 먹고
보릿고개 넘다가

한쪽 엉덩이 치켜들고
칠푼이처럼 보리 방귀 주책 떨면

방귀 소리
초가삼간 무너질까
지붕마루 보름달이 꼭 붙들고 있네

화려한 신부 모란

어젯밤 달빛이
신정호 모란꽃 결혼 소식을
향기로 풍문에 듣고
부조하러 왔다 가더니

우윳빛 하얗게
곱디고운 얼굴
모란은 찬란하게 신부로 치장하고

눈부신 5월의 신부
야외 예식장 걸어가는
웨딩 마치 울려 퍼지면
쌍쌍이 손잡고
신부 입장하는 합동결혼식

날개 달린 꼬마 신랑들은
여기저기서 입맞춤하느라
정신줄 놓고 꽃술에서 헤매이네

모란 꽃길에서

봄은 여우비
빗줄친 쌍무지개
다리를 건너
벚꽃은 뭉게구름 타고
하늘로 가버리고

5월은
모란 꽃길에서
향기를 매만지다가
향기에 취해 나른히 누워
발장구치는 꼴이 좀 그래서

보랏빛 꽃바람은
라일락 향기로 떨어져
참새가 주워 먹고
술주정뱅이처럼
신바람 나서

얼쑤
꼬리 치며
탈춤 추는 꼴이 제법 그럴싸하다

와인 잔

나 홀로 카페에서
와인 잔에 빛깔이
나를 점령하고
와인 맛이
나를 사로잡는다

카페테라스에서
와인 잔에
강 건너 불빛을
칵테일 해서 마시면
취기가 불빛처럼 고와서

아침 산책길
호숫가에서 만난 빨간 수련꽃이
첫사랑 임처럼
곱게 곱게 별똥별이 되어
내게로 떨어진다

절묘한 제 노래

봄을 싣고
떠가는 뭉게구름을
혹독한 추위를 견뎌낸
나목이 흔들어 쏟아진 구름이
나목 위에 벚꽃으로 피고

들에는 애기풀들이
아장아장 걸음 배우고
민들레는 걸음보다
꽃부터 핀다

산에는 진달래꽃이
수줍은 열아홉 순정보다 더 붉고

산골짜기 눈 녹은 물은
졸졸졸
절묘한 제 노래를 싣고
긴긴 봄 여행을 떠난다

하늘의 작품이다

하루의 삶은
강렬한 희망과의 싸움이고
어둠은 침묵하는 휴전이다

올라갈 때는 희망이고
내려갈 때는 절망이다

인생은 산 오름이다

희망으로 오른 산 정상은
아무것도 없다
성취감 허무다
그 허무를 위해 살아온 게 삶이다

왜 갔는지 모르면서 간 길
뒤돌아 보니
바람 지나간 자리이고

나이 먹어 늙고 나니
하늘의 작품이더라

가로수 길에 벚꽃

가로수 길에
햇빛 먹은 봄바람이
벚나무 가지를 흔들어 대더니
벚꽃을 만발해 놓고

참새 떼 좋아라
짹짹대며 꽃잎 따 내리면

꽃잎 줍는 비둘기
절묘한 울음소리
꽃잎보다 더 슬퍼서

부모 죽은 제삿날처럼
눈물도 없이
거짓부렁으로 울어댄다

오늘 만난 횡재

오늘 만난 횡재는
꽃을 만난 웃음이다

오늘 받은
아름다운 선물은
꽃이 주는 향기이다

오늘은
나도 싱글벙글
파란 가을 하늘이다

제4부

호수에 물방울

들길에 산국

들길에서 만난 그 꽃
야무지게 생긴 향기 나는
조그만 그 꽃

가을 하늘에
향기를 흩뿌리고 있는
산국 향기야

가자고도 안 했는데
집에까지 따라와

나랑 같이 잤는지
자고 나도
윗목에서 향내가 난다

어차피 날 따라왔으니
가지 말고
나랑 같이 살자

있을까 갈까

아침잠을 깨니
적막하게 비가 내리고

목로주점 문 여는 시간 8시
공짜인 북엇국에
누군가 먹다 남은 소주 반병
아무리 고급술이라 한들
이 맛을 따를 손가

소주 반병의 기분
오늘은 늙었어도 좋다
하루 종일 지금만 같아라

이슬비는 있으라 내리고
가랑비는 가라고 내리는데

있을까 갈까 생각하니
있을 곳도 갈 곳도 없다

한 세상 살 만치 살았으니
사는대로 살다가
몽환의 꿈도 꾸지 말고
내친 잠자듯이 가거라

롯데 타워 남산 타워

서울을 대표하는
랜드마크 롯데 타워는
야행성이라 밤이 아름답다

하늘을 오르는 사다리를 놓고
별을 따서
크리스마스 대형 트리를 만들어
잠실 광장에 세워 놓고
오는 사람 가는 사람
눈에 잡힌 피사체
눈 사진 찍는 사람 주체 못 해
하늘 높이 도망치다가

남산 타워에 붙잡혀
남산 타워가 높은지
잠실 타워가 높은지
밤새도록 키재기를 하고 있다

하늘이 뱅뱅 돌지 않고

돌아가는 지구를 밟고도
쓰러지지 않고
밤이 오니 본질로 누웠구나

지구가 돌아가도
하늘이 뱅뱅 돌지 않고
제자리 있는 것은
밤이 오는 까닭이오
내가 쓰러져 잠든 까닭입니다

곤충처럼 여섯 다리로
기어 다니지도 않고
지구가 돌아가도
두 다리로 짚고 날개도 없이
하루를 걸어 다닌 것은
정말 웃기는 일이다

호수에 물방울

물방울 하나가
잠자는 호수를 깨웠다

동글동글 물 위의 파문이
호수의 나무 그림자를 쓸면

나무는 제 그림자를 찾느라
까치발 들고 서 있고

앞산은
산 그림자 족대 그물로
나무 그림자를 건지다가
호수에 빠져
물 파문에 개헤엄치고 있네

목련꽃 열매 별

설악산 산골 동네
산 밑에
감자바우네 집

굴뚝 옆으로 목련꽃이
저녁연기 타고 승천하여
별의 열매로
밤하늘에 주렁주렁 열린 것을

천왕봉 꼭대기
높은 바람이
까만 밤 더듬더듬 흔들면

알밤처럼 별들이
감자바우네 집 지붕 위로
툭 툭 떨어지는 소리에
이웃집 개가 짖는다

빠이롱* 소리

가로수 길 오선지에
낙엽 음표가

도 레 미 파 솔 라 시 도
멜로디를
바람이 연주하는
빠이롱 소리

국화꽃 위로 살포시
어깨 춤사위로 떨어지면

가을 나비
속절없이 울고 간다

* 빠이롱 : 바이올린의 방언

떠돌이 새

어미 새는
푸른 숲속 떠돌이로
자식이 떠나간 슬픔에
울고 다니다

언제 죽었는지
어디서 죽었는지 모르게 객사로 죽고

새끼 새는
객사한 부모가 슬픈 척
눈물도 없이
정말처럼 거짓말로
날마다 숲속을 울고 다녔다

종이배 초승달

날 저무는
노을 강 위로

하얀 초승달이
종이배처럼 떠간다

낙엽의 멜로디

낙엽이
파문을 타고

오선지 가로수 길에
도 레 미 파 솔 라 시 도
멜로디 음표로

귀뚜라미가 연주하는
빠이롱 소리에
지나가던 가로등도 발길 멈추고

고즈넉이 바람도
자장가로 잠이 든 밤

불 꺼진 창문으로
별빛이 내려오는 소리
달빛이
가만히 귀대고 있어라

방안에 안개꽃

사기 등잔에
정종병 석유 붓고
성냥개비로 심지 돋우면

밤하늘에 별을 보듯
방안에도 등잔불이
별처럼 반짝거렸다

뚫어진 문구멍으로
황소바람이 퉁소를 불면
문풍지가 애절히 울고

들창 가 매서운
삭풍이 부는 피리 소리에
윗목에 방 걸레가 얼어붙고
아랫목에 숨 쉬는 입김이
안개꽃 핀다

내 어린 시절은
방에도 별이 뜨고
안개꽃이 피었다

보릿고개 넘다가
개복상 따 먹던 시절

쌍 나란히 놓는다

조금은 차가운 바람이
가슴의 시린 비밀 하나 들춰낸다

외로운 국화꽃 화분처럼
토방 마루 양지에 앉아
따사로운 햇볕을 사랑처럼 끌어안고

언제까지 간직해도 좋을
후회가 남아 그리움이 된
짝사랑 비밀 하나 몽환의 꿈으로
노랗게 피워

국화꽃 화분 옆에 쌍 나란히 놓는다

삶은 참는 거니까

어제도 아프고
오늘도 아프고
사는 게 맨날 그렇다

짜증 나게 불행은 쉽고
행복은 어려워서
말로만 쉬운 행복은
저만치서 들리는 남의 말로
비아냥거리고

에라
돌아보지 마라
사는 대로 살다 가면 그뿐

삶은 참고 견디는 거니까

뛰어내린 빗방울

빗방울이 겁도 없이
하늘에서
사선으로 뛰어내린다

뛰어내릴까 말까
망설이는 낙엽은
빗방울을 보고
결국 용기를 내어 땅에 떨어진다

어긋난 날씨에 빗줄 치고
도망가는 버스가 우산을 삼키고
종점에서 토해 놓으면

우산 위의 빗방울은
땅 꺼질까 봐 가만가만히
내려앉는다

살 빼주는 물병

살찐 여자
헐떡대는 봉우리
땡볕이 내리쬐는 바위 위에는
파란 소나무로 파라솔을 쳐놓고
멧돼지 바위가 낮잠 자고 있다

산 이름 문패는
땡볕에 무릎 꿇고 앉아
하늘을 낑낑 받쳐 들고

문패 찾아 올라온
헐떡대는 살찐 여자
갈증 나도록
땀으로 살 빼고 있다

헐레벌떡
따라온 물병 하나
살찐 여자 무릎에 앉아
뼈만 남도록 살 빼주고 있다

낙엽의 진저리

단풍 숲길 걷노라면
눈물방울처럼
떨어지는 낙엽이
한없이 애처로워

밟으면 아플까 봐
차마 밟고 갈 수가 없어

깨금발 딛고
사방치기 놀이하다가

뒤돌아보니
밟히지 않은 낙엽이
바람에
마지막 숨소리를
진저리치고 있었다

창살 없는 감옥

긴긴 겨울밤은
자고 나도 밤이고
깨고 나도
어둠이 나를 지키고 있어
창살 없는 감옥이다

창 넘어 불빛은
머나먼 하늘의 별빛처럼
반짝거리고

가로등은 별을 따다
감았던 눈을 뜨고
세월을 싣고 지나가는
전조등을 세고 있다

건너편
불 켜진 아파트 창문에도
누군가의 그리움이
외로움으로 갇혀있는
창살 없는 감옥이다

여인숙

저녁 바람에
갈대가 빗자루질로
노을을 강물 위에
윤슬로 쓸어 모으고

산 그림자 어둑어둑
강나루 윤슬 위로
건너오는 마을에
저녁연기 피어오르고

마을 앞 가로등이
등불 하나 들고
아침에 나간 일상을 기다리면
어긋나지 않고
여인숙으로 숙박하러 돌아온다

제5부

미국서 돌아온 아침 해

찻잔 속에 어머니 얼굴

스산한 가을이 불어와
흩어진 쓸쓸함을 여미고
파란 하늘을 가슴에 안았더니
가을 마음 뭉게구름처럼 떠간다

해 질 녘
도시 한켠에
산 그림자 조급하게 다가서는
찻집에 앉아

아름다운 가을날의 하루를
단풍산 위에 노을로 그리는
풍경을 바라보며

아메리카노
커피 한 잔의 향수를 마시면
찻잔 속에
내 동심을 사랑하던
어머니가 보인다

여승

삶이 반찬 없이 물 말아
목숨을 키웠다
기구한 운명 살고 싶어
절로 갔다

외로워도 사는 게 나아서
불경 소리로 변명하며 살았다

참고 견디느라
합장하고 절을 했다

바람 소리 물소리
지나간 깊은 주름 골짜기

산다는 게 죽을 만치 살고파서
꽃은 외롭게
혼자 피다 시들고

어둠이 다가선
눈 내리는 겨울 산
살을 에는 차가운 바람 소리뿐

꽃 핀 커피잔

강 건너
불빛이 어리는 커피집에는

노래도 있고
시도 있고 그리운 사랑도 있다
거기다 이름을 지어주면
살아가는 의미가 된다

수만 가지 의미들이 피어오른
삶의 쉼터에는
낭만이 흐르고

우리는 그 낭만 속에서
하루의 삶이 사냥으로 잡은
사랑과 행복을

커피잔에
강물에 비친 불빛처럼
아름다운 꽃을 피우자

가버린 한 해

따사한 햇빛이 내리쪼이는
양지바른 벤치에
낙엽이 앉아
쓸쓸한 가을을 졸다가
시린 바람에 끌려
갈 곳 없는 떠돌이
어디론가 방랑길 떠나고

한 해를 도둑맞은
울고 싶은 허무가
고독을 여미고
달빛을 거닐면

잊지 못할 파름한 사랑 하나
서리맞은 시린 달빛처럼
한 해가 저무는 12월

바다의 아름다움

바다는 봐도 봐도
아름다움 더하기 아름다움이다

파도가 밀려와
둔치에 부서지는
바다의 노래

철썩철썩 밤낮 없이
들어도 들어도 지칠 줄 모르는
파도의 음악회
관중 없는 콘서트

낮에는 등대가 눈 감은 봉사라
노래하는 쪽을 더듬거리고

밤에는 방파제가
어둠 속에 숨어서
가만히 귀대고 있다

입춘 날 아침

마음이 투명한
입춘날 아침
잎 떨어진 가지마다
참새떼 주렁주렁 열리고

짹짹짹 꼬리 장구 치는 소리에
어깨춤 들썩들썩
발걸음이 거저 가네

아침 기분 흥얼흥얼
행복이 미쳤나 봐

오늘은 나도
산책길을
발장구치며 걸어가야지

산다는 것은

황혼 노을 짙어지면
산 그림자 점점이 다가서고
낙엽의 낙하 소리 가을이 우네

푸르던 한순간이
하얗게 서리 내리고
아득히 먼 불빛
거기서 나를 기다리는
늙은 희망

어쩌랴
달빛 별빛이
나보다 더
외롭고 쓸쓸한 것을

세월이 간다는 것은 슬픈 것
어쩌랴
산다는 것은 다 그런 것을

이사 간 집터

빤질빤질하게
내가 드나들던 길

지금은 집도 길도 쑥대밭 되어
바람이 개망초꽃 피워 놓고
예쁘다고 칠푼이처럼 들여다보고 있다

산새 소리 찾아왔다
주인 없어 그냥 가고

꽃은 피어
예쁜 이름 불러주는 이 없어
꽃의 의미를 잃고

바람 소리 물소리
헛수고로 지나간다

산골 해는 이삿짐 꽁무니 따라가더니
아파트 옥상에서
구름과 숨바꼭질하고

밤이 되면 별빛은
가로등 눈이 되어
지나가는 전조등을 세고 있다

찬 서리 내리는 밤

달빛의 입김이
찬 서리로 내리는 밤

차가운 몸짓으로
국화꽃 위에 내려앉은
숨소리가 멎은 낙엽이 애처로워
귀뚜리는 밤새워 청승맞게 울고

오늘을 두고 떠나가는
가을바람이 내일로 차가워
국화꽃 향기 매무새를 여미는 밤

낮에 들길에서
주워 온 들국화 여향이
나 홀로 술잔에 어리면

달빛 밟는
고독한 여인의 구두 소리가
창가에 낙숫물 소리처럼 지나가는 밤

찔레꽃 향기

찔레꽃 향기 진동하는
호젓한 달밤
달빛이 찔레꽃 가시에 걸려
바람에 펄럭거리고

별빛은 부지기수로 쏟아져
향기를 매만지면

게으른 칡넝쿨이 뱀처럼
느실느실 기어올라
별들은 슬금슬금 구름 속에 숨고

가시에 걸린 달빛도
찔레꽃 향기 따라
구름 속에 숨으면

게으른 칡넝쿨만
오르다 못 오르고 어둠 속에서
찔레꽃 향기를 더듬거린다

새 대가리

하늘에 열린 별들이
꽁꽁 얼어붙은 겨울밤

바람이 하늘을 흔들어도
별들은 꼼짝달싹도 않고

은하수 빙판길 넘어질까
조심조심
하현달이 엉금엉금 기어가면

시베리아서 날아오는 철새가
속 터지게 가라고 치는
달을 앞장서

인간 지능보다
감각이 발달된 새 대가리로

수억만 리
내비게이션도 없이
절대
길을 잃는 법이 없다

잡풀이 되어라

풀잎은 바람에
쉽게 쓰러져도
쉽게 일어난다

삶이 괴롭거든
잡풀이 되어라

고귀한 체면을 안 차려도
볼수록 예쁜 풀꽃으로 피어

세상 근심 걱정 없이
자유스럽게 여기저기
지천으로 웃고 있지 않은가

보아도 보아도 다 못 본 예쁜 모습
쉽게 쓰러지고
쉽게 일어나며

칼바람

겨우내
손대면 베어질 것 같은
날 선 칼바람이

철갑옷 입은 소나무와
결투를 벌이어
홍길동이 검술을 써먹고도
참패하여

옷 벗은 이 나무 저 나무
만만히 보다가
억수로 모인 시위대에
쫓기어
겨울을 도망치더니

여름날
파란 하늘을 훔치러 허공에 나타나
먹구름 쪼개는 임꺽정이 검술에
번갯불 뻔쩍인다

흘러가는 물

산과 산 사이에서
기름 짜듯 태어난 물이
흘러 흘러
산 모랭이 굽이굽이 돌아 돌아도
앞길이 보이지 않아

좁은 골짜기
세상 구경 나온 풀꽃들이
넓은 세상 보고 싶어
같아 가자 따라와도

가는 곳도 왜 가는지도 몰라
구름 따라 더듬더듬
혼자만 흘러간다

가는 길이 돌 틈 사이 험난하여
부서지고 깨지고
모진 시련 참아내며

물도 살아가는 삶이 있어
참고 견딜 줄 안다

배꽃 같은 당신

아프게 아프게
5월이 오면
배꽃 나무 아래
하얀 수건 쓴 당신이
배꽃보다 더 예쁘던 날

배꽃 향기처럼
들려오던 당신 목소리

그 목소리 남겨 놓고
배꽃 향기 따라
날아간 당신

어젯밤
꿈속 배밭에서
빙그레 배꽃처럼 웃다 간 당신

숨결처럼 별이 뜬다

북적이는 사람들 틈으로
마음보다 더 처진 발걸음이
술 취한 주정뱅이처럼
피로가 나뒹굴면
무심히 두고 온 쓸모없는 흔적
바람이 낙엽처럼 몰고 간다

덧없이 걸어가는
오늘의 발자국을 세는 맥박 소리
기억하지 말라는 눈물
꾹꾹 눌러 삼키며 돌아가는
해 저문 하늘에는
하루의 흔적을 뱉어내는
숨결처럼 별이 뜬다

소릇이*

화려한 모란이
4월과 5월 틈새로
정든 님 떠나가듯
아쉬운 그리움 남겨 놓고
소릇이
라일락 보랏빛 향기 따라갔지만

당신은 또 오신다기에
나는 다시 기다릴래요

내 청춘 다하여 시들었어도
못 다 본 예쁜 그대 모습
당신이 날 보러 오신다는 그날을

손꼽아 기다릴래요

기다림 때문에 사는 인생
기다림은 참 예쁜 것

언제까지
글쎄
비밀
울지마라

* 소롯이 : 가볍게 살짝. 또는 드러나지 않게 살며시.

미국서 돌아온 아침 해

바다는 멀리 보면 수평선
가까이 보면 땅끝 선

수억 만 리 수평선에서
땅끝 마을을 찾아 걸어온 파도가
육지에 못 오르고
땅끝에서 헛발질하면

발자국 소리는 먼저
철썩철썩
갯마을 순이네 집 당도하고

헛발질은 러닝머신으로
땅끝에서 밤을 새웠다

미국서 돌아온 아침 해는
눈 깜짝 사이
수평선에서 바다 위를 걸어
땅끝 순이네 마을을 오르고

갈매기는
바다 끝 땅끝을
제 마음대로 들락거렸다

문학세계대표작가선 952

흔적

武林 신영철 제6시집

인쇄 1판 1쇄 2021년 9월 8일
발행 1판 1쇄 2021년 9월 15일

지 은 이 : 신영철
펴 낸 이 : 김천우
펴 낸 곳 : 도서출판 천우
등 록 : 1992. 2. 15. 제1-1307호
주 소 : 서울시 성동구 무학봉28길 6 금용빌딩 2F
전 화 : 02)2298-7661
팩 스 : 02)2298-7665
http://moonhak.wla.or.kr
E-mail : chunwo@hanmail.net

값 10,000원

ISBN 978-89-7954-848-8